Reiseführer Dénia (Costa Blanca)

von

Stefan Wahle

und

Tanja Wahle

Impressum

©2021 copyright by Stefan Wahle, Berlin

3. Auflage 2021

Texte: Tanja und Stefan Wahle
Fotos + Umschlaggestaltung: Stefan Wahle, Berlin

E-Mail: info@sw-reisebuch.de
Internetseite: www.sw-reisebuch.de

Fan-Page zum Buch bei Facebook:
https://www.facebook.com/denia.urlaub/

Unser Reiseblog: www.reise-blog-wahle.de

Herstellung und Verlag:
BoD – Books on Demand, Norderstedt

ISBN: 978-3-7481-5965-0

Inhaltsverzeichnis

1. Vorwort

„Der Ort"

Fangen wir mit ein paar Basisinformationen an, wie sie in jeden Reiseführer gehören, denn Reisen soll ja auch bilden:

Dénia ist eine Stadt in der Provinz Alicante des Landes València (autonome Region) und liegt an der Costa Blanca zwischen den beiden Großstädten Alicante und València jeweils in ca. 100 km Entfernung. Die offizielle Einwohnerzahl liegt bei ca. 42.000, hinzukommen jedoch die nicht gemeldeten ausländischen Residenten mit Immobilienbesitz sowie die Vielzahl von Touristen im Sommer. Gesprochen wird hier Castellano (Hochspanisch) und Valenciano, zugehörig zur katalanischen Sprache.

Schon die Römer kannten diesen Ort unter dem Namen Dianium als wichtigen Stützpunkt in Richtung Nordafrika. Im 5. Jahrhundert tummelten sich hier die Westgoten, bis 713 die Mauren die Macht ergriffen und dem Ort den Namen Deniya gaben. Erst im Jahr 1244 wurden sie durch Jaime I. wieder vertrieben und der Ort wurde seitdem Dénia genannt, erhielt ab dem 14. Jahrhundert Grafschaftsstatus und ab 1612 die Stadtrechte.

Es gibt einen großen Hafen für Sportboote (Bild 1 neuer Sportboothafen; Bild 9 alter Sportboothafen) und die Fähren nach Mallorca (Bild 2), sowie einen kleinen Bahnhof (Bild 3) für die Schmalspurbahn nach Alicante über Calpe und Benidorm. Der Ort wird geprägt durch seine zentrale Burg „El Castillo" (Bild 4) auf einer Anhöhe 58 Meter über dem Hafen sowie die Lage am Meer und vor der Bergkette Montgó mit seinem höchsten Punkt von immerhin 753 Metern. Diese Kombination ist sehr beeindruckend und eines „der" Fotomotive.

Sehr schön anzusehen sind auch das fahnenbehängte Rathaus aus dem 18. Jahrhundert mit seiner Turmuhr (Bild 5) an der Plaza de la Constitución, am gleichen Platz die Kirche de la Asunción (Bild 10) und die Kirche San Antonio an der Plaza del Convent (Bild 6).

Die alte denkmalgeschützte 36 Meter lange und 11 Meter breite Fischauktionshalle am Hafen wurde 2018 für 850.000, -- EUR aufwendig saniert (Stand 2019, Bild 7). Dort finden Sie ein interaktives Meeresmuseum, einen Veranstaltungsraum für wechselnde Ausstellungen und ein Tourismus-Info-Büro.

Das zentrale Leben spielt sich in Dénia auf der Einkaufs- und Flaniermeile „Marqués de Campo" (Bild 8) ab, die für Festivitäten für den Autoverkehr sogar extra gesperrt wird. Sie wurde bereits im 19. Jahrhundert geplant, aber erst 1917 durchgängig bis zum Meer gebaut. Der Name kommt von einem Stadtentwickler aus dem 19. Jahrhundert.

Am Ende des neuen Sportboothafens finden Sie einen fotogenen Deko-Leuchtturm (Bild 12), vor dem man sich bei Sonnenuntergang fotografieren lassen kann. Eine schöne Erinnerung!

1 neuer Sportboothafen beim Hotel Port Dénia

2 Fähranleger gegenüber der alten Fischauktionshalle

3 Bahnhof von Dénia, Passeig del Saladar

4 Teil der Burg von Dénia

5 Rathaus an der Plaza Constitución aus dem 19. Jahrhundert

6 Iglesia San Antonio an der Plaza del Convent

7   ehemalige Fischauktionshalle am Hafen (Lonja del Pescado)

8 Calle Marqués de Campo

9 alter Sportboothafen auf Höhe der Burg

10 Kirche de la Asunción beim Rathaus an der Plaza Constitución

11 Tunnel unter dem Burgberg

12 fotogener Leuchtturm am Ende des neuen Sportboothafens

12

2. Anreise
2.1. Klassische Pauschalreise

Die klassische Pauschalreise ist wohl die komfortabelste Art des Reisens, da man sich praktisch um nichts kümmern muss. Das fängt bei vielen Reiseveranstaltern schon damit an, dass die Zugfahrt zum gebuchten Flughafen mit inbegriffen ist. Man muss sich nicht weiter um den Flug kümmern und wird bereits am Zielflughafen von einem Reiseleiter erwartet, der einem den Bus direkt zum Hotel zuweist. Vor Ort erfolgt ebenso eine deutschsprachige Reisebetreuung durch den Veranstalter bei Problemen oder Sonderwünschen. Rechtzeitig vor Urlaubsende wird man über den Rücktransfer zum Flughafen informiert. Alles ist von dritter Seite organisiert und man kann sich im Urlaub einfach nur entspannt zurücklehnen.

Diese Abgabe der Urlaubsverantwortung hat allerdings auch Nachteile, über die man sich im Klaren sein muss. Man kann sich zum Beispiel seine Fluggesellschaft nicht aussuchen und oftmals sind die Flugzeiten sehr unattraktiv. Schlimmstenfalls kommt man nachts um zwölf im Hotel an und reist am Ende des Urlaubs bereits in den frühen Morgenstunden wieder ab. Dadurch verliert man ganze zwei Tage, was man bei Eigenorganisation anders optimieren kann. Es gibt also gute Gründe für „selbst ist der Mann / die Frau".

Diese Art der Pauschalreise gab es, zumindest für Deutsche, so in Dénia nie. Neckermann Reisen hat in den vergangenen 20 Jahren immer mal wieder versucht, mehr oder weniger ausgeprägt, eine Pauschalreise hierher anzubieten. Das beinhaltete dann bestenfalls den Flug, die Übergabe eines Mietwagens am Flughafen Alicante und das Hotel. Eine Reiseleitung war weder am Flughafen noch im Hotel vor Ort, die Betreuung erfolgte lediglich telefonisch. Offensichtlich ist die Costa Blanca bzw. Dénia nicht das typische Pauschalreiseziel der Deutschen, so dass dieses Angebot wieder verschwand. Zurzeit kann man z.B. den Flug und das Hotel Port Dénia über Neckermann Reisen buchen, muss sich aber um einen Mietwagen oder den anderweiten Transfer vom Flughafen selber kümmern (Stand. Sommer 2018). Wir waren die einzigen Deutschen im Hotel … nächstes Jahr könnte dieses Angebot mangels Annahme durch den Markt wieder aus dem Katalog verschwinden. Man weiß es nicht.

2.2. Individuelle Reise
2.2.1. Flugzeug, Taxi/Bus/Mietwagen

Im Gegensatz zur Pauschalreise kann man natürlich auch alles individuell und separat im Internet oder Reisebüro buchen. Man sucht sich das Hotel aus, wählt seine Lieblings-Fluggesellschaft, die durchaus Qualitätsunterschiede aufweisen (Sprache, Essen, Sitzplatzreservierung etc.), und vor allen Dingen kann man die Flugzeiten optimieren. So würde man z.B. bei der Anreise einen frühen Flug morgens buchen und den Rückflug spät abends wählen. Dadurch hätte man zwei zusätzliche Urlaubstage gewonnen.

Ein Taxi vom Flughafen zum Hotel zu nehmen, ist aufgrund der Entfernung einfach zu teuer. Busverbindungen gibt es nicht oder dauern zu lange. Bleiben noch einige Transferdienstleister, rechnen Sie mit kosten von ca. 100 EUR pro Transfer. Da Sie an der Costa Blanca jedoch eh einen Mietwagen benötigen, sollten Sie diesen gleich am Flughafen anmieten.

Wer sich für einen Mietwagen entscheidet, sollte dies insbesondere in der Hauptsaison schon von zu Hause aus erledigen. Dafür empfehlen wir den Mietwagen-Makler www.cardelmar.de. Dieser hat zahlreiche Anbieter vor Ort im Angebot und Sie können die Preise vergleichen. Bedenken Sie bitte, nicht immer ist der günstigste Anbieter auch der bessere. Vergleichen Sie das Gesamtangebot (insbesondere die Versicherungsleistungen, Service, Ärger bei Rückgabe etc.) und insbesondere die Bewertungen der Kunden. Bei der Versicherung sollte man nicht sparen und der Makler bietet günstige Pakete an. Das erspart Ihnen im Falle eines Unfalles viel Ärger und Kosten. Die Versicherungspakete kann man auch vor Ort beim Vermieter buchen, allerdings sind diese um ein Vielfaches teurer! Die Einwegmiete ist in der Regel nicht möglich, so dass Sie den Wagen für den gesamten Urlaub anmieten müssten.

Update www.cardelmar.de 2021:
Leider hat der Autovermietungsmakler Cardelmar seinen Dienst nach 15 Jahren zum Ende des Jahres 2020 eingestellt. Daher haben wir bei unserer Reise nach Spanien im Juli 2021 unseren Mietwagen über das Portal

booking.com gebucht. Auch dort hat man die Auswahl unter verschiedenen Autovermietern. Wir haben uns für unseren Test für einen der größeren spanischen Anbieter entschieden. Wir haben über booking.com das vollumfassende Versicherungspaket gleich mitgebucht, also Vollkasko ohne Selbstbeteiligung. Um uns vor Ort mit der Autovermietung nicht auf die üblichen unnötigen Verkaufsgespräche über Zusatzversicherungen einlassen zu müssen, haben wir die spanischsprachige Buchungsbestätigung mitgenommen und auf dieser die entsprechenden Passagen über den bestehenden Versicherungsumfang mit Textmarker markiert. Dieses Mal wurden wir zwar nicht unter Druck gesetzt, zusätzlichen und damit doppelten Versicherungsschutz abzuschließen, aber er wurde uns untergejubelt! Leider erhält man in der heutigen, digitalen Zeit keinen Papierausdruck des Mietvertrages mehr ausgehändigt, sondern unterschreibt auf einem digitalen Display und erhält dann im Nachhinein das Vertragswerk per E-Mail zugesandt. Doch dann ist es, wie unserem Fall auch, bereits zu spät! Man ist für viel Geld doppelt versichert. Leider ist dieser Umgang mit Kunden typisch für Spanien. Andere Länder, andere Sitten!

Theoretisch könne man auch ein Taxi vom Flughafen Alicante in die Stadt zum Bahnhof der Schmalspurbahn und dann den Zug nach Dénia nehmen (Zugfahrt ca. 2,5 Stunden, 45 Stopps). Wir halten dies jedoch insgesamt für zu umständlich und langwierig.

Als Flughäfen haben Sie Alicante (El Altet, ca. 12 km südlich der Stadt) oder València zur Auswahl. Zurzeit fliegt z.B. Ryan Air von Hamburg direkt nach Alicante in ca. 3 Stunden oder man nimmt einen Flug von Hamburg mit Zwischenlandung in Barcelona nach Alicante in 4,5 Stunden mit Vueling. Andere deutsche Städte haben andere Verbindungen. Am besten benutzen Sie das Flugportal www.skyscanner.de, mit dem Sie sich den optimalen Flug zum günstigsten Preis aussuchen können.

2.2.2.   Eigenes Auto

Die Anreise mit dem eigenen Auto ist insgesamt zum einen aufgrund der langen Fahrtzeit (bis zu 2 Tage für eine Strecke, je nach Startpunkt rund 2.000 km!) sehr stressig und auf der anderen Seite durch Benzinkosten, Maut in Frankreich und Spanien, eventuellen Übernachtungskosten doch verhältnismäßig teuer und anstrengend. Das lohnt eigentlich nur bei längeren Aufenthalten an der Costa Blanca, bei denen man auf das eigene Auto dann vielleicht nicht verzichten will.

2.2.3.   Bahn

Der Bahnhof von Alicante hat Fernzugverbindungen mit ganz Spanien und Europa. Von Alicante fährt eine Regionalbahn direkt bis nach Dénia. Insgesamt aber ein langwieriger und beschwerlicher Weg von Deutschland aus. Nur etwas für absolute Bahn Fans mit viel Zeit und möglichst wenig Gepäck!

3.   Hotels
3.1.   Hotel Port Dénia

Das drei Sterne Hotel Port Dénia liegt etwas am Rande des Stadtzentrums hinter dem Club Náutico. Es verfügt über 280 Zimmer mit Klimaanlage und drei Fahrstühle. Der Strand Playa Marineta Cassiana und der neue Sportboothafen liegen gleich über die Straße in 50-100 Meter Entfernung. Ins Stadtzentrum zur Flaniermeile Marqués de Campo benötigt man zu Fuß ca. 10 – 15 Minuten. Die Zimmer zum Pool sind etwas kleiner, verfügen aber über einen Balkon mit teilweise seitlichem Meerblick. Die Zimmer zur anderen Seite sind dagegen größer, aber haben keinen Balkon. Die Zimmer sind sehr ruhig und das Essensbuffet reichhaltig und lecker. Wir reisen seit 20 Jahren in dieses Hotel und wurden noch nie enttäuscht! Sie können für Ihr Auto Außenparkplätze beim Hotel gegen Gebühr buchen (ca. 12 EUR pro Tag!), aber außerhalb finden Sie auch kostenlose Parkplätze. Es gibt neben einem Außenpool auch einen kleineren Innenpool, einen Fitnessraum und ein Spa. Regelmäßig finden Abendveranstaltungen statt und es gibt ein Animationsprogramm. Je nach Saison sind in dem Hotel überwiegend Spanier oder Engländer. Für Dénia ist das jedoch nichts Ungewöhnliches, da es sich nicht um eine deutsche Hochburg des Tourismus handelt. Der Speisesaal wurde inkl. Mobiliar 2018 modernisiert und zu einem großen Raum erweitert. Das macht es für deutsche Geschmäcker vom Ambiente her etwas kantinenhaft, aber die Spanier mögen es genau so!
Ctra. Dénia-Jávea 48, www.porthotels.es/en/denia, Telefon +34 965 781 212,

13 großes Zimmer ohne Balkon

14 Bad zum großen Zimmer

15 kleines Zimmer mit Balkon zum Pool

16 Bad zum kleinen Zimmer

3.2.   Hotel Adsubia

Das klimatisierte zwei Sterne Hotel Adsubia liegt relativ zentral in der Av. Miguel Hernández 35 nur 800 Meter vom Fährhafen Balearia und 500 Meter von der Burg entfernt und verfügt über 46 Zimmer auf 4 Etagen. Die Zimmer sind sehr klein und das Frühstück in der Auswahl sehr bescheiden (kein Ei, in keiner Form!). Dafür ist es recht günstig. Das Internet ist kostenlos und der Hafen nur 10 Gehminuten entfernt. Das Hotel verfügt über eine Tiefgarage (ca. 10 EUR pro Tag), hat aber leider keinen Pool, dafür ist der Stadtstrand Playa Punta del Raset die Straße runter Richtung Wasser nicht weit entfernt. Ein kostenloser, öffentlicher Parkplatz befindet sich in der Nähe in der Straße Mira-Rosa. In der gleichen Straße wie das Hotel und auf der gleichen Straßenseite in Richtung Wasser befindet sich ein Mercadona Supermarkt. Durch den Tunnel unter dem Burgberg (Bild 11) hindurch kommt man direkt ins Zentrum von Dénia.

Wir haben die Zimmer im Juni für 45 EUR die Nacht getestet. Unser Zimmer hatte keinen Balkon und lediglich ein Fenster zum Lichtschacht. Das hatte jedoch den Vorteil, dass es relativ ruhig und kühl war. Die Rezeptionistin sprach ein wenig Deutsch. Ein Tresor ist nicht verfügbar!

Es gibt weder Mittag- noch Abendessen, aber man ist schnell am Wasser, wo es zahlreiche Restaurants gibt. www.hoteladsubia.com/de/, Tel. +34 966 435 599, Fax: +34 966 427 557, info@hoteladsubia.com.

17 Zimmer ohne Balkon mit kleinem Fenster zum Lichtschacht

18 Bad mit Badewanne

3.3.   Hotel Los Ángeles

Das vier Sterne Hotel liegt ca. 4 Kilometer außerhalb des Stadtzentrums dafür jedoch direkt am wundervollen Sandstrand von Las Marinas (Strandliegen vorhanden) mit Terrassengarten, Pool sowie Strandbar und verfügt über 82 Zimmer auf drei Stockwerken. Wer also Strandurlaub sucht, ist hier genau richtig! Super Ausstattung, was sich dann aber natürlich auch im Preis niederschlägt. In der Sommerhitze kommt man nur mit dem Auto oder dem Bus in die Stadt. Tun Sie sich das nicht zu Fuß an, wir sprechen da aus Erfahrung …
Der Parkplatz vor dem Haus ist kostenlos nutzbar. Ebenso in der Zufahrtsstraße kann geparkt werden. Es gibt eine Internetecke mit einem Notebook. Ein Wäscherei-Service wird angeboten.

Wir haben im Juni das Zimmer für 185 EUR die Nacht getestet. Es ist groß, verfügt über ein schönes Sofa, einen großen Balkon, Minibar und ein Badezimmer mit Dusche und Bidet. Im TV sind die deutschsprachigen Sender RTL und Das Erste verfügbar. Es gibt einen Tresor für die Wertsachen im Zimmer. Der Room Service ist umfangreich und die Preise dafür moderat.

Das Spa und Wellnesscenter im 3. Stock kann gegen eine Extragebühr genutzt werden (Gym, Jacuzzi, Sauna und Beauty Treatments). Das Restaurant und viele Zimmer haben Meerblick.
Carretera de Las Marinas, Km4, www.hotellosangelesdenia.com/de/, Telefon: + 34 965 780 458, info@hotellosangelesdenia.com

19 großzügiges Zimmer mit Balkon und Sofa

20 Bad mit Dusche und Bidet

3.4. Hostal L´Anfora

Äußerst zentral gelegenes, kleines, klimatisiertes Hostal mit einem Stern nur 300 Meter von der Burg Dénia entfernt mit 20 Zimmern an der Explanada de Cervantes 8. Kleines Haus, kleiner Preis und mittendrin im Geschehen. Einen Pool gibt es nicht, aber der Stadtstrand Playa Punta del Raset ist nicht weit in ca. 500 Metern entfernt.
Aufgrund der zentralen Lage und der umliegenden Restaurants sind auch hier Ohrstöpsel für die Nachtruhe empfehlenswert.
Das Parken im direkten Umfeld ist sehr schwierig.
Die Rezeptionistin war sehr nett und sprach fließend Deutsch.

Die Zimmer sind schön eingerichtet, haben einen tollen Blick auf den Hafen und haben ein kleines Bad mit Dusche. Wir haben bei unserem Test im Juni 39 EUR die Nacht bezahlt. Im TV sind nur spanische Sender verfügbar. Das WLAN ist kostenlos.

Ein Frühstück wird nicht angeboten! Das unten im Hotel befindliche Restaurant gleichen Namens hat einen anderen Pächter und macht erst gegen Mittag auf.

Achtung: Es gibt keine 24-Stunden-Rezeption. Sollten Sie nach 22.00 Uhr anreisen wollen, muss das Hostal darüber informiert werden. www.hostallanfora.com, Tel. +34 966 430 101, Fax +34 966 421 690, info@hostallanfora.com

21 kleines Zimmer ohne Balkon

22 Bad mit Dusche

3.5. Hotel Costa Blanca

Wir haben das Hotel für 55 EUR die Nacht getestet (gebucht über www.booking.com). Auf der Rückseite des Hotels befindet sich ein kostenpflichtiger Parkplatz für 15 EUR pro Tag. Der Platz ist umschlossen und hat nur eine begrenzte Kapazität.

Die klimatisierten Zimmer haben keinen Balkon und es gibt leider auch keinen Pool! Die Lage ist zentral in der Stadt in der Nähe zum Bahnhof. Alles ist daher zu Fuß gut erreichbar, jedoch ist auch die Geräuschkulisse entsprechend laut. Ohrstöpsel für die Nacht nicht vergessen! Ein Tresor ist leider nicht in jedem Zimmer verfügbar, es können aber Wertgegenstände an der Rezeption eingelagert werden. Die Zimmer sind hell und freundlich eingerichtet, es gibt kostenloses WLAN und einen günstigen Room Service. Leider sind nur spanische TV-Sender verfügbar.

Es gibt einen kleinen Fitnessraum. Das Wellness Center ist im Hotel Les Rotes (gehört ebenfalls zur MRhotels Gruppe) ca. 5 Kilometer entfernt ausgelagert und kann gegen Extrakosten gebucht werden. Es wird ein Wäschereiservice angeboten. Das Frühstück ist gut und der Orangensaft wird frischgepresst, was in spanischen Hotels selten anzutreffen ist.

Das Hotel ist rauchfrei.

Kontakt: reservas@hotelcostablancadenia.com, Tel. 96 578 03 36; Pintor Llorens 3, 03700 Dénia

23 Zimmer mit Schreibtisch und Minibar, ohne Balkon

24 Bad mit Dusche

4. Strände in Dénia
4.1. Playa de la Marineta Cassiana

25

Der Strand de la Marineta Cassiana liegt ca. 50 m vom Hotel Port Dénia entfernt am südlichen Stadtrand hinter dem Club Náutico am neuen Sportboothafen. Direkt am Strand gibt es keine großartige Infrastruktur, aber neben dem Hotel Port Dénia gibt es ein kleines Centro Comercial mit einem Supermarkt und einigen Lokalen. Im Sportboothafen findet man weitere diverse Bars und Restaurants. Der Strand selber ist nicht gepflegt und der Sand ist auch nicht herausragend schön, er besticht jedoch doch seine Nähe zum Hotel. Er ist 1200 Meter lang, aber nicht besonders breit.

4.2.   Playa Punta del Raset (Stadtstrand)

26

Der bewachte Strand Punta del Raset ist „der" Stadtstrand Dénias und liegt dicht am Zentrum. In der Nähe liegen das Hotel Adsubia und das Hostal L´Anfora. Wie Sie auf dem Bild sehen, findet man hier immer ein Plätzchen. Das Wasser ist aufgrund der Stadt- und Hafennähe leider etwas mit Plastikmüll verunreinigt. Es wird deutlich sauberer, wenn man sich weiter nördlich in Richtung des anschließenden Strandes Las Marinas bewegt.

4.3.　　　　Playa Las Marinas

27 Strand Las Marinas auf der Höhe von El Palmar

Der Strand Las Marinas schließt sich nördlich an den Strand Punta del Raset an, ist 5 Kilometer lang, an einigen Stellen bis zu 100 Meter breit und besteht aus hellem feinem Sand. Beispielhaft haben wir hier ein Foto in Höhe El Palmar aufgenommen. Dort gibt es auch eine Strandbar mit diesem tollen Blick auf das Wasser. Ganz in der Nähe liegt direkt an den Strand grenzend das Hotel Los Ángeles.

4.4.   Playa Las Rotas Abschnitte A + B

Wir starten zu Fuß in Höhe des Hotels Port Dénia an der Küste entlang, gehen stadtauswärts und gelangen nach ca. 3,5 km zu den Strandabschnitten Las Rotas A + B. Diese sind recht einsam, teilweise mit Sand, überwiegend jedoch eher felsig. Man kann auch mit dem Auto entlang der Küste bis Las Rotas fahren. Vor Ort sind Parkmöglichkeiten vorhanden. Mangels großartiger Infrastruktur sollte man Proviant dabeihaben.

28 einer, der vielen kleinen Strände bei Las Rotas

29 bei Cap de Sant Antoni

5. Lokale

Amazing Bar / Restaurant
Hier gibt es einen der leckersten café con leche für nur 1,30 EUR. Auch empfehlenswert: tostadas con tomate y queso (2 EUR) o jamón serrano. Dabei handelt es sich um getoastetes Brot mit zerriebener Tomate und darauf Käse oder Schinken.
Calle Marqués de Campo 9, Telefon +34 966 421 060, www.amazingrestaurantdenia.com

Bavaria Bräu
Deutschtümliches Brauhaus mit umfassendem Angebot.
Calle Marqués de Campo 29, Telefon +34 965 781 811

Due Cafetería und Bistro
Unter deutscher Leitung bereits seit 10 Jahren im neuen Jachthafen (Tel. 965 784 902, heladeriadue@gmail.com) Empfehlung: Karaffe mit Sangría; Aktionstage, an denen es bestimmte Getränke, z.B. Gin-Tonic, zum Sonderpreis gibt. Schöner Blick auf Hafen und die Yachten der Reichen.

El Comercio Restaurant
Auch hier gibt es tostadas con tomate y queso (2,50 EUR) o jamón serrano (2,75 EUR) sowie ein leckeres Frühstück.
Calle Marqués de Campo 17, Telefon +34 965 785 691

Puro Beach Club Dénia
Seit Ende Juni 2019 an der Playa Les Deveses mit 1.600
qm Pool-Landschaft, balinesische Betten, SPA-Bereich,
Restaurant und Bar mit verschiedenen Tresen.

6.   Ausflüge / Touren

Für alle unsere Touren wird ein Mietwagen benötigt. Die Costa Blanca ist weitläufig und alles, was man gerne im Urlaub erreichen und unternehmen möchte, ist etwas weiter voneinander entfernt, so dass man den gesamten Urlaub über einen Mietwagen haben sollte. Wir berichten hier über persönliche Ausflüge von uns, wobei unsere Prioritäten bei den Stränden liegen. Für uns ist es auch immer sehr wichtig, dass wir nur etwas empfehlen, was wir selber getestet und für gut befunden haben.

6.1.   Jávea

Jávea (auch: Xàbia) ist ein sehr touristisch geprägter Ort mit einem schönen Hafen und dem tollen Strand „Playa del Arenal". Allein der Strand und um dort zu baden, sind einen Besuch wert. Direkt an der Promenade mit Blick auf Strand und Meer gibt es leckeres Eis in der Cafetería Olas, Paseo David Ferrer, Bloque 3 (Tel. 965 792 277, Preise: Eis ca. 6,-- und café con leche 1,60 EUR) oder bei Heladería Ji Jonenca, Paseo David Ferrer, Bloque 1 (Tel. 965 792 351, Preise: Eisbecher ca. 6,-- und café con leche 1,50 EUR). Als Kontrastprogramm können Sie auch die Altstadt besuchen. In der Calle Mayor findet man historische Gebäude, wie z.B. das Ca Lambert mit seinen Ausstellungen oder kleine Lädchen zum Shoppen. Auch schön: die alte gotische Wehrkirche.

30

41

6.2.　Calpe

Auch Calpe ist eine sehr touristisch geprägte Stadt und liegt rund 30 km von Dénia entfernt. Der Strand „Playa la Fossa-Levante" ist nicht sehr breit und leider oft voll, aber er fällt sehr flach ins kristallklare Wasser ab und verspricht unvergesslichen Badespaß! Direkt am Strand entlang gibt es eine lange Promenade mit vielen Lokalen, wo man bei einem schönen Blick auf das Meer speisen kann. Lecker und preiswert z.B. sabores & copas 78, Tel. 965 832 818, Avda. Juan Carlos I. Nr. 20, auf Facebook: /saboresy. copas; genial lecker und riesige Portionen: Sandwich Pollo (Hähnchen) für 6,50 EUR, café con leche 1,50 EUR. Der aus dem Meer ragende Fels „Penon d´Ifach" ist das Markenzeichen der Stadt. An seinem Fuß ist ein schön angelegter Park.

31

6.3. Strand von Oliva Nova (Golf Hotel)

Beim Hotel Oliva Nova Golf gibt es weitläufige Dünen und einen wunderschönen Badestrand. Seit ein paar Jahren gibt es vor Ort auch eine Strandbar. Das war vorher lange Zeit nicht so. Ansonsten gibt es außer dem Hotel keine weiteren Lokale oder Geschäfte. Das Wasser ist klar und sauber, der Strand bewacht und der Badespaß vorprogrammiert. Für einen Strandtag ist dies die optimale Destination.
Obwohl seit kurzer Zeit die Dünen aus Naturschutzgründen abgesperrt wurden, haben Sie immer noch genügend Platz sich auszubreiten.

32

6.4.   Wasserfall „Fonts de L´Algar"

Der Wasserfall „Fonts de L´Algar" liegt ca. 3 km von der Stadt Callosa d´en Sarrià entfernt. Der Eintritt in den Naturpark beträgt 5,-- EUR pro Person. Es gibt diverse Wasserfälle und Badestellen, also das Badezeug nicht vergessen! Das Wasser des Gebirgsbaches ist sehr kühl und erfrischend, insbesondere bei hohen Temperaturen. Der größte Wasserfall ist von einem Felsenkessel umgeben, in den man hineinschwimmen kann. Ein tolles Erlebnis! Um dort hinzukommen, nehmen Sie am besten die kostenpflichtige Autobahn Richtung Alicante. Abfahrt bei Altea, auf dem Ausfahrtschild steht auch schon der Ort Callossa de´en Sarrià mit dran. Fahren Sie in den Ort Callosa, bis von dort aus der Wasserfall ausgeschildert ist. Folgen Sie der Ausschilderung. Ganz zu Anfang an der Touristeninformation sind die Parkplätze noch kostenlos. Je näher Sie den Wasserfällen kommen, desto höher die Parkgebühren auf den privaten Plätzen.
09.00 – 18.00 Uhr, www.lasfuentesdelalgar.com

33

44

6.5. Erlebnispark „Terra Mítica" bei Benidorm

Bei Benidorm gibt es einen großen Erlebnis- und Freizeitpark mit Fahr- und Wasserfahrgeschäften. Der Park untergliedert sich in die Zonen: Ägypten, Griechenland und Rom. Die Zone IBERIA wurde inzwischen in einen eigenen Park mit einer zusätzlichen Eintrittsgebühr ausgegliedert. Im Juni, als wir vor Ort waren, war dieser Teil jedoch geschlossen.
Die Holzachterbahn Colossos war ebenso geschlossen. Möglicherweise waren den Betreibern die Wartungskosten zu hoch!?

Preise: Erwachsene 39 EUR, Kinder und Rentner zahlen 35 EUR. Wir buchten ein Online-Ticket zum Sonderpreis von 34 EUR über booking.com. Vor Ort war jedoch das umständliche Umtauschen in einen anderen Beleg am Spezialschalter erforderlich. Das Personal wirkte damit zeitweise überfordert. Einfach ist anders...
Am Freitag waren viele Schulklassen unterwegs, was wir als etwas nervig empfanden.

Kontakt: Partida del Moralet, s/n, 03502 Benidorm,
Tel. 902 020 220,   965 004 300,
reservas@terramiticapark.com,
www.terramiticapark.com

Per Auto über die AP-7 mit der separaten Ausfahrt 65A erreichbar. Die Parkgebühr beträgt zusätzlich 7 EUR. Man kann aber auch mit der Bahn Alicante-Dénia anreisen. Die F.G.V. Linie hat für den Park eine eigene Haltestelle!

34 im Hintergrund die Holzachterbahn Colossos

35 tolle Kulissen; hier beispielhaft Ägypten

6.6.   Gandía

Insbesondere die Strände Playa Norte und Playa de l´Ahuir (gehen fließend ineinander über) sind sehr breit mit hellem feinem Sand wie in der Karibik. An der Playa Norte gibt es eine Strandpromenade mit einer großen Auswahl von Restaurants, Eisdielen und Cafés. Der Playa de l´Ahuir dagegen ist eher ruhiger und unberührter. Hier wurde die Dünenlandschaft regeneriert, FKK ist dort möglich.
Die Fußgängerzonen und Einkaufsstraßen des Ortes mit über 800 Geschäften laden zum Shoppen und flanieren ein. Sehenswert ist das Bauwerk „Palacio de San Francìsco de Borja" (16.-18. Jahrhundert), der Herzogspalast in der Calle Santo Duque.

36 Playa Norte von Gandía

6.7.   Guadalest

Guadalest ist ein über Serpentinen erreichbarer Ort ca. 590 Meter hoch in den Bergen. Fahren Sie über die Autobahn in Richtung Alicante bis zur Ausfahrt Altea, dann weiter über Callosa ins Hinterland bis Guadalest. Dort findet man den höchstgelegenen Friedhof Spaniens. Das Dorf kann nur über Stiegen und durch einen Tunnel betreten werden. Man hat einen wunderschönen Blick auf den Stausee. Besuchen Sie unbedingt auch das städtische Museum im Haus der Familie Orduna. Es stützt sich zum Teil auf einen Felsen und zum anderen Teil auf den Betsälen der Gemeindekirche und gibt einen schönen geschichtlichen Einblick in das spanische Leben.

37 Blick vom Burgberg auf den Stausee von Guadalest

6.8.   Höhle bei Benidoleig

Wir fahren von Dénia aus über La Xara und dann weiter über Pedreguer nach Benidoleig (4 km hinter Pedreguer), wo sich eine für 3,90 EUR Eintritt zu besichtigende Höhle befindet (Kinder 2 EUR). Parkmöglichkeiten befinden sich kostenfrei vor der Höhle. Der Eintritt erfolgt direkt durch den Souvenirshop, wo man auch die Eintrittskarten nebst Mineralien und Versteinertes kaufen kann. Dazu gehört ebenfalls ein kleines Restaurant. Führungen finden nicht statt. Man bewegt sich eigenständig durch die Höhle. Vor Ort gibt es eine kleine Ausstellung.

Cova Les Calaveres, 03759 Benidoleig

38 Eingangsbereich zur Höhle mit Parkplatz davor

Länge: ca. 300 Meter; Höhe einzelner Abschnitte bis zu 20 Meter.

Funde von Tier- und Menschenknochen älter als 50.000 Jahre
www.cuevadelascalaveras.com
Tel. 966 404 235

6.9. Font Salada

Hierbei handelt es sich um eine Thermalquelle im Norden des Marjal zwischen Pego und Oliva. Das salzige und schwefelhaltige Wasser fördert die Gesundheit der Haut.
Anfahrt:
Aus Richtung Alicante kommend auf der N-332 Richtung Oliva kurz vor Kilometer 210 an zwei gegenüberliegenden Tankstellen links abbiegen. Danach der Ausschilderung folgen.

6.10. Gata de Gorgos

Fünfzehn Kilometer von Dénia entfernt gibt es in Gata de Gorgos eine Handvoll Geschäfte für Korbwaren: Körbe in allen Farben und Mustern, Hüte, Lampen etc..
Artesanía Rosario, Plaça Espanya 9
Cistelleria Casa Ramiro, Plaça Espanya 10
Reciclaje Decoracion, Plaça Espanya 14
Artsanía Maruja, Plaça Espanya 11
Artesanía Caselles, Plaça Espanya 24

7. Wichtige Kontakte, besondere Orte, Feste und Infos

Spanische Vorwahl bei den nachfolgend angegebenen Rufnummern unter Umständen erforderlich (z.B. bei der Nutzung des deutschen Handys): 0034
Die Straßennamen auf Karten, im Internet etc. und in der Realität weichen manchmal mehr oder weniger voneinander ab. Je nachdem, ob es sich um die Sprachen Castellano (Hochspanisch) oder Valenciano (örtlicher Dialekt) handelt. Wir gebrauchen zur Gewöhnung beide Versionen, also bitte nicht wundern!

Ärzte
In Dénia und den umliegenden Städten Jávea und Calpe gibt es zahlreiche deutsche oder zumindest deutschsprechende Ärzte, aktuelle Kontaktdaten finden Sie im Serviceteil der deutschsprachigen Zeitschrift Costa Blanca Nachrichten. Hier eine kleine Auswahl:
Arzt für Allgemeinmedizin
Dr. Gero Stechele, Ptda. Barranquets, C/38 A, N° 30, Els Poblets (bei Dénia, schließt sich Las Marinas an), Tel. 966 475 924, **Notfälle 620 106 751**
Dr. Iris-Alexandra Henkel, C/Rosario 5, 03700 Dénia, dra.henkel@deniadoctor.es, Tel. 966 422 358
Augenarzt
Alfredo Ferrer, C/La Via 34 D, Dénia, Tel. 966 426 226, www.alfredoferrer.com
Deutsche Zahnarztklinik
Biodental Dénia, C/Diana 22, Ecke Marqués de Campo, Tel. 966 435 012, Mobil: 619 641 684, www.biodental-denia.com

öffentliches Gesundheitszentrum

Centro de Salud Dénia, Calle Juan Fuster, Tel. 966 428 250

Hier können Sie sich mit Ihrer Gesundheitskarte im Notfall gesetzlich behandeln lassen. In der Regel nur spanischsprachig.

Urologe

Dr. Thomas Keul im Hospital San Carlos Dénia, Tel. 966 426 200, Notfall 616 785 937, www.urologia-keul.com

Zahnärzte

Dr. Wolfgang Rings, Clínica Dental La Xara, Avda. Del Mar 23, 03709 La Xara (In der Nähe vom neuen Krankenhaus Dénia, Stadtauswärts in Richtung Autobahn), Tel. 966 423 237, clinicadental.laxara@gmail.com;

Dr. Winfried Ruhnau, Las Marinas km 8,8, Els Poblets bei Dénia, Tel. 966 474 691, zahnarztpraxis.dr.ruhnau@gmail.com;

Dr. Sven Reger, Ptda. Barranquets 38A Nr. 20 bajo, Els Poblets, Tel. 966 469 516, **Notfälle 608 044 685**, www.cambicon.com

Apotheken
- C/Constitución 3
- Avda. Marqués de Campo 48
- Avda. Marqués de Campo 66
- Plaza del Raset 6
- C/Elche 2
- C/Patricia Ferrándiz s/n
- Avda. de Alicante 45

- Avda. de Valencia 2B
- Avda. Joan Fuster 28B

Bahnhof
Passeig del Saladar, in der Nähe der Touristeninformation, von hier aus fährt die Bahn in ca. zweieinhalb Stunden bis Alicante

Burg von Dénia
Die Burgreste inkl. dem archäologischen Museum im ehemaligen Gouverneurs-Palast können für 3,-- EUR pro Person besichtigt werden, Studenten und Rentner zahlen 2,-- EUR, Kinder 1,-- EUR. Gehen Sie rechts am Rathaus vorbei und dann hinter dem Rathaus weiter die Treppe nach oben, um zur Burg zu gelangen. Von dort oben haben Sie einen grandiosen Blick über die gesamte Stadt und den Hafen. Öffnungszeit: 10 bis mindestens 18 Uhr, im Sommer länger.

Donnerstagstreff
Deutschsprechende Senioren treffen sich jeden ersten Donnerstag im Monat; zurzeit 11.30 Uhr im Restaurant Fratelli Nova Dénia; Infos: Tel. 965 583 941 (M. Rogger), www.miteinander-fuereinander-denia.com

Einkaufszentrum Ondara
Im Nachbarort Ondara, ca. 20 Minuten Autofahrt auf der Nationalstraße in Richtung Oliva, liegt ein großes Einkaufszentrum, wo sogar deutsche Handelsketten, wie C&A und Deichmann, vertreten sind. Gerade an besonders heißen Tagen ist es hier klimatisiert

angenehm. Im Art Café im Erdgeschoß gibt es einen café con leche für 1,50 EUR.

Fähre nach Ibiza und Formentera
Ab 50 EUR am gleichen Tag hin und zurück mit Baleária. Nach Formentera in 2,5 und nach Ibiza in 3,5 Stunden; Start um 09.00 Uhr in Dénia.

Feste
16. – 19. März Las Fallas:
Auf vielen öffentlichen Plätzen werden aufwendige haushohe Figuren aus Pappe und Holz aufgestellt und in der letzten Nacht mit einem großen Feuerwerk zur Verabschiedung des Winters verbrannt. Immer wieder ein Erlebnis, das muss man gesehen haben! Ohrenstöpsel für lärmempfindliche Menschen nicht vergessen!

39 Figuren bei Las Fallas

Anfang Juli Sangre de Cristo Patronatsfest:
mit Stiertreiben durch die Straßen bis zum Hafen, wo
Mensch und Tier baden gehen.
14. – 16. August:
Kampf der Christen gegen die Mauren, wobei der Sieger
immer schon feststeht. Die Schlacht wird nachgespielt
und der Sieg über den Islam gefeiert.

Flohmärkte
- Dénia: jeden Freitag ab 8 Uhr, Torrecremada
- Pedreguer bei Dénia: sonntags 9 bis 14 Uhr, Nationalstraße N-332, Abfahrt neben Shell-Tankstelle
- Calpe: mittwochs 8 bis 14 Uhr hinter Plaza Central und jeden Samstag 8 bis 14 Uhr in der Calle Eslovenia 6-8

Golfplätze in der Nähe von Dénia
Golfplatz La Sella
18 Löcher
Golfplatz in Oliva Nova

Gottesdienste, deutschsprachig
Evangelischer Pastor an der Costa Blanca Klaus Eicher,
Tel. 692 422 485, klaus.eicher@ev-kicb.com, www.ev-kicb.com, deutschsprachige Gottesdienste alle 14 Tage
sonntags: Ermita in Las Rotas, C/Provincial del Barranc
del Monyo 49.
Gemeindeveranstaltungen finden im Pfarramt, Avda. de
les Corts Valencianes 3 statt. Jeweilige Termine werden
im Serviceteil der Costa Blanca Nachrichten
veröffentlicht.

Höhle

Im Ort Benidoleig, erreichbar über Pedreguer, 15 Kilometer von Dénia entfernt, gibt es die Cueva de las Calaveras (Höhle der Totenköpfe), eine 300 Meter lange Tropfsteinhöhle mit beeindruckenden 20 Meter hohen Kuppeln und einer Vielfalt an Stalaktiten und Stalagmiten. Tel. 966 404 235, www.cuevadelascalaveras.com
Siehe auch Seite 47 dieses Reiseführers!

Konsulate

Deutsches Honorarkonsulat
Plaza Calvo Sotelo 1-2, 03001 Alicante, Tel. 965 217 060 oder 965 118 070
Österreichisches Honorarkonsulat
Calle Convento Santa Clara 10-2-3, 46002 Valencia, Tel. 963 522 212
Schweizer Honorarkonsulat
Calle Cronista Carreres 9, 46002 Valencia, Tel. 963 518 816
Schweizer Honorarkonsulat Barcelona Tel. 934 090 650

Markt

Zum einen gibt es den Montagsmarkt, der nur montags auf dem Freigelände vor dem Gerichtsgebäude aufgebaut wird. Gehen Sie in Richtung Plaza Jaime I. und gleich anschließend entlang des Cami del Saladar finden Sie den Markt.

40 Montagsmarkt in Dénia

Außerdem gibt es noch die Markthalle, in der montags bis samstags in der c/ Magallanes immer vormittags eingekauft werden kann.

41 Markthalle

Physiotherapie
Dénia: Manuel Geimer, www.physioped.es, Calle Rossario 3 Tel. 965 784 638, Mobil 660 231 519

Polizei
Policía Urbana de Tráfico Tel. 092 bei Auto-Unfällen innerorts;
Guardia Civil Tel. 091 bei Auto-Unfällen außerhalb geschlossener Ortschaften.
Wird man Opfer einer Straftat, wird es schon schwieriger, wer zuständig ist. Die Policia Local, die Policia Nacional

oder die Guardia Civil. Manchmal streiten die sich sogar darum, wer zuständig ist.
Allgemeiner Notfall: 112

Rechtsanwalt
Bei unserem Hausverkauf sowie in Testamentsfragen haben wir sehr gute Erfahrungen mit der deutschen Rechtsanwaltskanzlei von Niels Becker in Dénia gemacht, info@ra-becker.de, C/ Marqués de Campo, 9 - 2°, Tel. 966 430 344

Reiterhof
Centro Hípico Lledó
Assagador del Palmar, s/n.
03709 La Xara
Tel. 635 531 955, info@centrohipicolledo.com
www.centrohipicolledo.com

Spielzeugmuseum
Über die Zeit der erfolgreichen Spielzeugindustrie in Dénia bis in die 1960er-Jahre informiert das Spielzeugmuseum im alten Bahnhof in der Straße Calderón s/n. Öffnungszeiten: 10-13, 17-20 Uhr.

Straßenverkehrsvorschriften Auto
Folgendes mit dem Auto kann teuer werden:
- Fahren mit Gummischlappen € 80
- Barfuß oder ohne Hemd fahren € 80
- Wasser trinken während dem Fahren € 80
- Mit Hand, Ellenbogen oder Arm aus dem Fenster fahren € 80

- Fahren mit den Ohren von einer Mütze/Käppi abgedeckt € 80
- Ein Eis oder was Anderes essen, während man fährt € 100
- Gegenstände, die lose auf der hinteren Abstellfläche liegen € 200
- Auto waschen auf öffentlichen Straßen € 30 - € 3.000
- Beifahrer mit den Füßen auf dem Dashboard € 100
- Führerschein nicht dabei € 10
- Zigarette aus dem Fenster werfen € 200 + 4 Punkte
- 6 - 7 Personen im Auto € 80

Tauchen
Dénia Dive Center
info@mondiving.com, WhatsApp 665 876 169
Tel. 965 030 930,   653 181 355

Meerwasser e.V. Ortsgruppe Pedreguer
www.pedreguer.meerwasserverein.de
Tel. 675 549 309, WhatsApp 0049-15153547157

Taxi Dénia
Tel. 96 578 65 65 oder
Tel. 96 642 44 44

www.cooptaxisdenia.com

Thaimassage

Original Thaimassage in Dénia SIAM, C/Castell D´Olimbroi 32 (an der Straße in Richtung Hotel Port Dénia), Tel. 966 423 808, siamtraditionalthai@gmail.com; 1 Stunde ab 45 EUR

Touristeninformation

Plaza Oculista Buiges 9, Tel. 966 422 367, www.denia.net

Notizen

Notizen

Unser Reiseblog: **www.reise-blog-wahle.de**

Weitere Reiseführer und Bücher aus den Bereichen Sport, Recht und Soziologie sowie Erzählungen und Romane finden Sie auf unserer Internetseite:

www.buch.guru

Sportbücher und Ratgeber von Stefan Wahle:
www.sw-sportbuch.de